Oi ilon pilkettä silmissäni
oi riemua mi kuplii sisälläni
kun sain viestisi
pelastit päiväni

Mauri Laakkonen

RunoCille

runoja

Kustantaja: BoD · Books on Demand, Mannerheimintie 12 B,
00100 Helsinki, bod@bod.fi
Kirjapaino: Libri Plureos GmbH, Friedensallee 273,
22763 Hampuri, Saksa

ISBN: **978-952-80-9605-4**

Runo Cille

sisältää runsaat sata runoa vuoden 2024
tuotannostani. Ne on valinnut 622 runon
joukosta Sanna Kaihovirta.

Tämä kirja on omistettu ystävällemme
Kirsti Cille Jokiaholle. Tuokoon se lukuiloa
jokaiselle kirjaan tarttuvalle.

Huhtikuussa 2025

Mauri Laakkonen ja Sanna Kaihovirta

Oi, askeliisi jos yltäisi
tyytyväinen jokainen olisi
hymyssä suin kulkisi
pyrkisi kaveriksi luoksesi

Niin korkealle kurotat
ja pallon koriin upotat
ettei heti toista vertaista
voi kohdalle kellään osua

Ootkin oiva Markkanen
kylmän poika, maan pohjoisen
lähdit länteen näyttämään
kuinka heittotaitoa käytetään

2

Kulmakarvat kuurassa
ripset kuin valkoinen hurraa
huutoa vailla oleva jäätyminen

Riisuin hanskani pöljä
nappasi pakkanen sormiin
ei päästänyt irti
pakotti takaisin rukkasiin

Hengitys huuruaa kuin saunan höyry
ja kostea kuumuus panee
lymyämään lauteista alimmalle

Nousi lämpö
kovista kovimmalle
Katosi huuru
nousi taivahalle

Soivat syvät äänet
sydäntemme sellot

Soivat kuin kosken jyly
uomaansa ikuiseksi syöstyt
uurtamaan uraansa
vahvuuden kanjonissa
hyökymään rannoille koskissa
vieden mukanaan
tunteiden kuohuissa

Sydänten jylhä laulu
sellojen soittaessa

Kiipeää soinnut kiirien rantakallioille
pauhu, äänistä syvin
viestii polkunsa kulkijoille
on matka vielä kesken, hyvin
kohtaamme toisemme
jatkamme matkaamme, kunnes
se tyynesti päättyy

Lempeästi tuutii suvanto
vaikenee sellojen soitanto

Lumpeiden äärellä hehkuu valkeus
syvänteen hiljainen levollisuus
käyskelee rannalla hirvas
toisaalla etsien elämäänsä naaras
ympärillään erämaan hiljaisuus
jota säestää noruvien purojen lirinä
kattona korkea taivas

Soivat ylväästi
sydänten sisäiset sellot

Elämän merkillisyys

on jakautuminen

sikiäminen moneksi

lisääntyminen

kasvaa kukkeaksi

kuihtua kertomukseksi

jossa on ollut hetken keskiössä

5

Valoon kosketan
siitä sinut lähes tunnen
sydämessäni toivon
menneen katoavan
uuden kajon syntyvän
ja varjon viipyvän
kuin lämmön ihollani

Vielä on matkaa
auringon kulkea
ja kutsua kuuta
vielä on aikaa
katsoa muualle
ja tutustua, sanoa
tervetuloa vieraalle

Astuivat kynnyksen yli
tulivat kuin vieraat tulevat
ensin empien
sitten rohkaistuneina
tuosta vaan
liki ovenkarmit kaulassaan
ilman lupaa
kuin varkaat konsanaan
tietävät kyllä
miten ovikelloa soitetaan
eivät ole tietävinään
mutta mitä näitä miettimään

7

Vähäksi käy vähä

eikä se pääty tähä

se pittää nähä

se viimenenki jämä

Kelteisillään
on liha aidoimmillaan
vaiti sanat
joita ei kuulluksi tahdota

Kun yllä on ihon myötäinen
näkyvät vuosien kertymät
muodot, jotka nekin
lopulta riisutaan

Olisiko näin ollen kilot
sittenkin enemmän elämän ilot
ja mykkyys
vailla vertaa

9

Voiko sydän mitään ikävälle,
puuska tuulelle kuiskata,
onko pakko vastatuulen
kavuta
poimia kukkia kedolla
ojentaa pian kuihtuvat
vaasiin veteen upottaa ainoat,
jotta ehtii mokomat,
ilahduttamaan ajoissa.

Unelma on syntyä tähdeksi
olla kiintotähti
kuolematon
ikimuistettava
loistaa tähtisateessa
suorastaan säkenöidä
häikäistä

Ajallisuuden rajat
tulevat vastaan
muistikuvat katoavat
tähdetkin sammuvat
vaipuvat unohduksen mustaan
muuttuvat taruiksi
saduksi
jatkamaan kertomustaan

11

Herkkää ja kaunista
kuin joskus elämä

koettelee kylmänä
vie ääriinsä, pois
kuulemaan ääntänsä
mi soi nyt herkistyen
aistien iäisyyttä

Olen lumen narske jalkojen alla

olen tuulenvire tulipalopakkasella

poskieni suojasta puhaltelen

valkeita huuruhuntuja ohimoilleni

joilla jo iän tuoma vaaleus viipyy

etsien ryppyisen naamani raameja

piiloutuen takinhupun suojaan

jossa on lämmin piilosilla olla

tuulenvireeltä kätkettynä, näkyy

punainen nenä.

13

Minä kävelin sen tien
alusta loppuun
tuskien taipaleen, jossa
ilonraidatkin kyyneltyivät.
Minä muistan tien
pitkän ja vaikeakulkuisen
suurella myötätunnolla
kaikkia läpi kulkeneita.

14

On autuas olo

herään aamuun

valo etsii reittiä

pitsiverhojen lomitse

vuoteeseeni

se piirtää liikkuvia raitoja

seinälle ja lattialle

tavoittaa pölyhiukkasten parven

joka peilautuu hämärää vasten

jossa aamuhetkeni lipuu

15

Käydä tahdon luontoon
sisäiseen temppeliini
jossa hiljaisuus humisee
rauhaa sisuksiini, jossa
levollisuus käy kehooni
ja istahtaa mietteisiini

Jokainen puu ja pensas
kutsuu varpukätköilleen
katsomaan juurilleen
isonnutta minimaailmaa
ja oksilleen istuttanut
laululinnut ilakoimaan

Suuren hongan tyvelle istun
ja katson korkealle ylös, oksia,
jotka ovat minua viisaampia
nähneet ja kokeneet ajan
jo kauan ennen minua
ja jäävät jälkeeni

Suru koskettaa, satuttaa, kasvattaa
se kaihertaa, muistuttaa
muuttuu vähitellen aarteeksi

moni ymmällään kysyy miksi
miksi juuri hän, muuttui enkeliksi
sydämeni rakkaus, kaipaukseksi

aarteeni kätkin sydämeeni
monet itkut itkin, piilotin käsiini
ajatuksin kuljetan hänet yhä kotiini

17

Suven keskellä usvaverhot

leijuvat peltojen yllä hetken

haihtuvat pois

kuin kesken retken

valot pimeään sytytetty ois

Kuinka vapauttavaa
onkaan vapautua
piinasta
ajatuksesta
joka vaivaa ja kulkee mukana
       joskus sanoivat
       on kiinni kuin paska rattaissa

kun paska jumittuu viemäriin
eikä suostu eteenpäin matkaamaan
ongelmat kasautuvat läjäpäin
eivät vain ajatuksiin
vaan myös viemäriin
       oivallisen keksinnön varjopuoli
       on putken oma elämä
       joka poikkeaa totutusta

se varmaan toteaa
että kökköjono putkessa on
jäätyneenä murhe

19

Iloisia naamoja

on kiva kohdata

hymyileviä huulia

tekisi mieli suudella

no jotain rajaa sentään

Kun tuntee viihtyvänsä

on kai omiensa joukossa

Eilen maalasin
kirkkailla väreillä
mökkipahasten kuvia

Isolle kankaalle
väriä levitin
ja maisemaan mökit sovitin

Taivaan väriä tavoitin
löysin turkoosin
vastavärejä maaksi etsin

21

Tuskinpa sinusta maatuskaa saisi
vaikka huivin päähän laittaisi
ja vaikka ripaskaa tanssahtelis
kasakat pitkin pirttiä

Ovat juures Karjalassa
kävit vakavoitumassa pohjolassa
hymyäsi eivät saaneet kutistettua
eivätkä pois taitoa seurustelusta

Puhe soljuu yhä ilo muassaan
vaikka kaiho pyrkii kurkkimaan
hereästi elät naurun virrassa
viihtyy läheiset kuulemassa

Kultaiset hiukset
ne maantien väriset
hohtavat taikaa
auringon valossa

Ne hehkuvat
kihartuvat suorista
kirkastuvat kilossa
lämpimässä

Hiuksesi leijuvat
sadun taika tarttuu
kuin keijun siivet
vinhaan viuhuvat

Pian pilviksi muuttuvat
kiharat oikovat, taipuvat
tanssivat valon hurmassa
satujen aarteit

23

Hurmaava askelluksesi

kuljettaa sinut tyköni

vietellen kieputtaa tuntojani

saapuen liki, lähelleni

pyyhkii harmaan kirkkaaksi

vilun lämpökääreeksi

kuin höyhen leijun kevyesti

mielikuvin taivoon asti

Hymynkare huulillaan
hän katsoo maailmaa
uskoo, toivoo, rakastaa
rohkeasti taivaltaa

kiipeää yli esteiden
kokemuksia keräten
tahtoen, etsien, todeten
aina oikeaan pyrkien

pienet ilot mukanaan
luo uskoa huomiseen
rohkaisten, kannustaen, tukien
matka jatkuu usean

25

Aikaansa
astuvat askeleet
jalkapohjiin sattuu
aina samat kiviset polut
aina sama kävelyn rytmi
joka jää historiaan
unohtuu jonnekin
kunnes

joku toinen
taivaltaa ja oivaltaa saman
kuinka aika sujahtaa ohi
ja määränpää näkyy
että sinne on aina sama kiire
sama askelten mitta
sama unohdusten määrä
aina

kunnes
joku muuta väittää
ja toteaa sittenkin olleensa väärässä

Viehätys kutoo ihastuksen verkkoaan
liehittelee sielua itsetunnon kynnykselle
silmittelee haihtuvia luuloja
ja laskee edelleen ylimäärän

Kenelle solusi virtensä veisaavat
mihin ahtautuu virtaava veresi
kenties päätyy tukkoiseen suoneen
tukehtuu kuin tuli, joka hiipuen sammuu

Tai kenties elo kirmata tahtoo
juosta tuntureiden yli
ja saapua laaksoon
jossa järvessä uida
ja soittaa huilulla kuin kannel

Niin elo elämää hehkuu
rauhassa levollisen yönsä nukkuu
ja tuuli tuo viestin joka ilta
syttyvät tähdet etäällä
piilossa tunturilta

27

Tuo harmaa seinä
on hiljaa ja katsoo
kun makaan sohvalla
ja katson sitä.

Seinällä hohtaa valon viiru
joka kasvaa vähitellen
ja harmaa vaalenee
hämärän harmaasta vaaleaksi
lähes valkoiseksi

On kuin usva maalaisi
pintaa ja paljastaa virheet
tapettien kuprut ja
naulojen reiät

Yksinäinen taulukoukku
muistelee kuormaansa, taulua
joka katosi erään kävijän matkaan
hänen, joka sanoi:
              Kyllä tuo mulle kelpaa

Valo maalasi vieläkin seinää
poimi mukaansa verhon varjon
kuvitti näkymän pitsikuvioin
ja piilotti kuvioon tyhjän koukun

Minä lepään ja katson seinää
tuota tarinaa ei ole enää
ovat vain muiston jäljet

28

Muistatko
miten onni hipaisee
koskettaa sydämeen
ja tunne
valtaa koko kehon

Muistatko
kuinka sydän laulaa
sekoittaa kaikki
duurit, mollit
villisti saa askeltaa

Sydänkin tanssahtaa

Kevät kurkistaa ikkunaani
valo leikkii, keimailee, polsterilla
kisailevat valonsäteet silmäluomilla
on aika nousta
on pian päivä, kohta ilta

Riennä tuuli puiden yli
avaa tulevalle kesän syli
kiedo lämpöön, rakkauteesi
hyväile kuin rakkaintasi
suutelee kevät huulillesi

Kuohuvat kosket, kuohuvat tunteet
versovat toiveet, valo ikkunaani

30

Istuivat kukin tuolillaan
vuosikymmenten historia harteillaan
toinen kumarassa
toinen pystypäin
itseään kehumassa

Uhon jälkeen vaivaluettelo
lääkekuurien kirjo
ja lääkärien ja hoitajien moitejono
oli kuulemma olo nolo
odottamassa kurja kohtalo

Vanhusten tulevaisuus
ei ole auvoinen, on vaivainen
kaukana on maalattu ihanuus
kultainen vanhuus
ja olo taivainen

Yhä istuvat tuoleillaan
kun ei ole muutakaan
kahvit juovat kupeistaan
huomaavat ei ole pohjalla porojakaan
joista voisi huomista ennustaa
  on aika päivätirsat ottaa

31

Elämä on kuin mansikkakakku
pehmeä, mehukas sattumus
joka osui linnunradalla
    tähän kohtaan

Kun huterista ensiaskelista
kasvaa vahvat kulkevat
matkaansa määrätietoisesti
    astuvat

Empaattisesti empivä
ottaa huomioon toisetkin
hidastaa vauhtia
    kun tarve on

Onnestaan tietoinen kasvaa
jokaisesta kohtaamisesta
iloitsee lähelleen tulevasta
    tapaamisten sarjasta

32

Korkeuksista kaikuen soljuu
sävelten voimistuva virta
surun ja toivon soinnut, Adagio
soljuu korviimme lehteriltä
*   On lähdön aika, ohi elon ilta*

33

Hiljaisuus kätkee sisäänsä
kaikki miljoonat syntymättömät
äänet
jotka tullessaan yllättävät

odotettukin
poiketessaan mielikuvasta
jota mielessäsi kannat
muistona koetusta

34

Hiljainen sävelmä
vetistää silmiä
synnyttää kirkkaita pisaroita
ne ovat ilon kyyneleitä
riemullisia hetkiä
iloa ja naurua
parvekkeen kaiteella
kukkii kesäkukkia
niitä siinä istuessa
on kiva nuuhkia
hyvässä seurassa ja
mukavia hetkiä muistella

Liehuvat romantiikan kuumeet
ruutuaika on kuin huumeet
unohtuvat kirjat nurkkaan
Oota hetki! Mä vaan kurkkaan
josko joku viestillä pukkaa

Pettymys on, jos ei kukaan....

Ilon kautta
juttu
kulkee
kuin vitsi konsaan

Hersyvimmät käänteet
näyttää
tyrskii
hohotukseksi pintaan nousee
naurun aikaan saa

Lysti on ilo
toden harmi
päivittely
korottaa omahyvän rintaa

36

Saartavat mietteet
pyörivät ympyrää
      pääni kehällä
kuin valju tanssi
   askelin aroin alkaa
ja lopulta
  vinhaan piruettiin yltää

sanot

pysähdy hetkeksi
      hiljennä
anna odotukselle aikaa
   vaikka vain tovi
jo meno helpottaa

kipinä jää
   odottamaan
   sytyttäjää
ensiaskelta

Villinä pyörivät
sanat kuin enteet
kauniina maalaavat
synkätkin tunteet

Vielä sä ehdit
suuntaasi vääntää
hehkeät huulesi
ja pääsi mulle kääntää

Nyt on se aika
taikoja tehdä
niin paljon iloa
luoda ja kylvää

Etten sua unohda
toisten tähden
sun mukaas tulla
mä aina tahdon

Kuunnella hiljaa
kun minulle kerrot
että keväässä syntyvät
tunteiden ehdot

Niin syvää rauhaa
ja iloa tunnen
olen sun kanssa
ja olla tahdon

Pelmuaa villisti lakana
pyykkipoikien naruun
    sitoma
tuulen pieksämä
  oikosena

aiheutti naurua
   harakoilla

kuin kelluis vene
    laineilla
kevyt höyhen
  ilmaliidossa
varjossa
rantatöyrään takana

39

Olen kuin varjo
ikuisesti sinusta
muistojani kantava
niistä voimaa saava

Olen kuin tuuli
hetkin mukana
ajatuksineni
sinut muistava

Olen kuin sinä aina
hymyilevä ystävä
vaikka hetken itken
se on vain surua

Olen taipuisa oksa
jonka kärjessä
urvuilla kukin kesään
siemenistä ikuisia muistoja

Olen kuin ajatus
ikuisesti kiitollinen sinusta
että sain kulkea kanssasi
nyt yhä muistoissa

40

Saapui liekkuen hallan helma

kainosti kylkeään käänsi

viskoi hiutaloiden antimensa

maan paljaan peitti

Kevät kiroten katsoi

kylmää karsasti silloin

kun lämpö viereltä katosi

ilo toiveikkain sammui

Vielä kun jaksaisi hetken
ehkä muutaman lyhyen vuoden
pitkäksi venyttää kaidan retken
askelistaan tehdä kevyen

Vielä kun jaksaisi hymyillä
sanoa vain kauniita sanoja
rummuttaa sormin reunoja
ajattomuuden astioissa lymyillä

Vielä kun jaksaisi

42

Katso peippoa oksalla
kuule sen keväistä riemua
liverrystä reviirinsä reunalla

Kuuntele kuinka aalto soi
hiljaa lipuen rantaansa ui
tuonelan joutsen saapui

Nouse sen valkoiseen selkään
tule mukaani, älä pelkää
on matkamme osa elämää

Siellä rajalla jos voisin
katsoisin aikaa toisin
luulen että onnellinen oisin

Itkuni sikiää ilosta
onneni naurun helinästä
syvältä sydämestä
syntyy uusi

Nauruni kyynelissä
loistaa kirkkaus
valon hunajainen kutsu
kuin mesi mehiläisen

Tunteillani rakastan
elämää ja oloa
rakkautta vähempään
lähimpään

44

Aikamme loistamme
           nuoruuden kukkeutta
tuoretta voimaa ja herkkyyttä

Ikävuosien painaessa
           muuttuu ryhtimme
katoaa loistomme vähitellen

Kun saapuvat vanhuuden vuodet
           käyvät askeleet lyhemmiksi

Kaikki ympärilläni
on niin viheliäisen tasapainoista
Puutkin
jotka kasvavat vinksin vonksin
ovat oikeassa paikassa
tuokin
maatumassa oleva laho
on löytänyt paikkansa

Katson sinua
parvekkeellasi
vaahterapuun kukkien aikaan
kuinka kesäasu ylläsi
kuuluu juuri tähän paikkaan
kuten kirkas katseesi
ja vilpitön hymysi
ne riisuvat mieleni lämpimästi
taitavasti

46

Ja sade tuli

kuin vuodet

se huuhtoi

eloni yli

viskoi pisaransa

virkistävät tarinansa

joita ilman

olisin paljon vähemmän.

Ystävän uni

Hän ystävä sieltä
tuntemattoman usvan tieltä
jakaa meille valkoista untaan
höyheniä vapaaseen kelluntaan
    pyytää kanssaan
nukkumaan
    kaiken unohtamaan
jakamaan rakkauttaan

48

Kunhan kirjoitin
jospa sen lausuisin
juuttuisivat sanat suihin
muillakin

Änkyrää viestiä
väänneltyjä asiavirheitä
ei kukaan kestä
luulen niin

Toisin kuin luulin
muuta kuulin
ottivat vastaa hymyhuulin
tolvanan mietteitä

Tiesit tiesi
kuljetun
ja edessä olevan
tulevan

Tiedät
mutkille kuljetun
eletyt
taakse jätetyt

Tiedät
kuormasta kylvetyt
siemenet, ne
kenties viisautta
olivat, nyt itävät

50

Uneesi käyt

nähdessäsi suuren valon

keskiyön auringon kilon

edessä unien näyt

Juhannusruusujen tuoksu

kylvää romantiikan hempeyttä

kesäyön

Elämä koostuu hetkistä
joissa nautinto on läsnä
muistiin piirtyvät tunnelmat
itse koetut tunteet, tärkeät
eteenpäin kantavat

On aikoja ja paikkoja
joissa herätellään muistoja
koetaan muistojen taikoja
koetun tuomaa lisää
joka kasvattaa minuutta

Perinteiden rakentava voima
kivijalka, jota käydään kokemassa
katsomassa raunioina joskus ollutta
vaikeina aikoina tai sydän hehkuen
kaivaten läheisiä, rakkaita

52

Ostaisinko kesää kotiin
kantaisinko aurinkoa sisään
hamuaisinko huulilleni ihanuuden
hehkeän, elämän makuisen

Niin lähelle tulit haluni
niin pakottavana kävit askeliini
niin polttavana sukelsit sieluuni
saadakseni nautinnon

Niin kaunista ja kipeää
niin valoisaa
niin pimeää
on pyrkiä kohti nirvanaa

Hetkin lempeää kuin kesäuinti
aistien kimara sukeltaessa syvään
kehon taivaallinen soitto
usko ikuiseen hyvään

Pilvissä liidän

kera lokkien ja kyyhkyjen

olen pieni valkoinen

piste mukana lintujen

tunnen tuoksun maan kesäisen

on aika ahomansikoiden

54

Pietaryrtti toi
mieleen kokemuksemme
taideleirillä

Rautahäkkyrä
johon ripustin niitä
ja kivimöykyt

Teimme yhdessä
Ympäristötaidetta
museon pihaan

Pujoista tuli
lisämateriaali
taideteokseen

Kylmäänsä moni itkee
kaipaa lämpöä lähelle
edes hetken elää tahtoo
kurottaa onneensa

Olisi edes yksi pieni katse
kohti katsottu ilon väre
joka sielua lämmittäisi
tulisi lähelle

Yksi ymmärtävä käsi
joka käteen tarttuisi
välittäisi elämän voiman
ilon päivään toisi

Yksinäisen vuode on hiljainen
tilaa riittäisi kyllä
vaan elo toi mukanaan kahleet
sitoivat paikalle

Kuihtuva ruusu muistona
huoneen täydestä ihmisiä
pois he kaikki kiirehtivät
yksin yksinäisyyteen jättivät

Kuin lämmin nuttu
ympäröi kesä
ilkoista ihoani
sulkee syliinsä paljaan
värittää ihon
lämpimillä säteillään

Auvoinen olo
rentouttaa mielen
ja kehon
antaudun
kuin avoin ruusu
sen suloiseen huomaan

57

Hän on onnellinen
katse kertoo
sen silmistään näen

Hänet luotiin
säteilemään hyvää
syntymälahjana saatua
onnellisuutta

Loistamaan iloa surussakin
empatiaa
kannustukseksi niille
joilla on vaikeaa

Hänen katseensa on
kirkas
ystävällinen
valaiseva
kuin aamuaurinko

Sydämen vilja kypsyy
kai sitä rakkaudeksi kutsutaan
kun tyytyväisyys elämään
heijaa tyynen levollisesti
kuin elopellon tähkäpäät
syystuulen niitä hipoessa

Ymmärryksen määrä
alkaa olla mitassa
jossa ei ole tarve kilpailla
vain rauhassa katsoa
päivästä toiseen eloa
yhteisönsä parissa

59

Se iskee kuin salama

yllättäen kuin pakkomielle

makean himo on ihana

suu perso makealle

Elämän maku

syntyy elämällä

makea ja suolainen

mannaa elämälle

Mietteissään kun kulkee
herää ajatusten polulta
hetkeksi silmänsä sulkee
hämmästyy lopulta
    sekuntien näyn paljoutta
    niissä vilisee koko elämä

Vanhojen asioiden rikkaus
tulee tykö kuin rakkaus
joka ei koskaan
täysin sammu
    ajattomuuden rattaissa
    loistaa elonkehrä päivien yllä62

Jätämme jälkemme
jälkeemme jääville
ilon ja surun lauseita
ikuisia aarteita

Eivät ne tyhjästä synny
eivät katoa pöytälaatikosta
läppärissä on "hylly"
tyhjää tilaa rajattomasti

Tämäkin tässä
on sinua härnäämässä

61

Niin villit olivat eiliset
nyt päivät onnelliset
kun rauha lepää sydämessä
tyyneys viipyy elämässä

62

Kuin kesän lämpö
käyn raukeaksi
hiljaisessa lahdelmassa
lumpeiden kukkiessa

Ja muistan
kaikki eiliset
viehkot tunteet
vihojenkin vireet

63

Yhden sanan kohdalla
on kohtalokasta
vaikka asiat olisi hyvin.
Se sana on: loppu

64

Voisinko nauraa
kun itkettää
tai itkeä
kun naurattaa?
Voisin. Voin.

Yhden pilven alla
kerrallaan
ihmettelee katsoja
saapuvaa

Kultareunoin koristeltua
moni katsoo
surusilmäinen pitkään
tuijottaa

Josko siitä
lohdun saa

Pyyhkii pisaran
poskiltaan
itkee pilvetkin
suruaan

Hetken vielä seisoo
paikallaan
tuikkii toivo katseessaan
oivaltaa

Ilonpisaroita
tuovat pilvet
muassaan

66

Villisti kasvattaa varsiaan
rönsyilee, etsii tilaansa
käy röyhkeästi taisteluun tilasta,
kiertää, käärii, kiipeää ylitse
vaikka neulansilmän lävitse
kiemurtaa elämänlanka

Portaat
ylös tai alas
askelmilla monet
haasteet ja todet

kipuamisen vaiva
laskeutumisen hankaluus
tavoitteita molemmat
päästä johonkin

iän portaat
tuovat maltin ja
hitaasti kiiruhtamisen
viisauden

olen miettinyt
miltä mahtaisi tuntua
tulla alas
pää kolmantena jalkana

ja todennut, ei kannata kokeilla

68

Suu mustikkainen
marjaisa väri huulissa
hän hymyilee
näytellen valkoisia hampaita
herkän hehkeä
kuin mustikkapiirakka

Tahraa poskessasi ihmettelen
vaalealla iholla se hohtaa
kuin luomi paljaana
mut kun se on sininen,
epäilen
sinun marjassa käyneen
ja mustikoita rohmunneen
Vai kävitkö sittenkin torilla!

Tavallinen aamu

päivänkajo horisontissa

ja ylös on noustava

ettei intohimo sammu

se joka polttaa verisuonissa

on hyvät työt alulle pantava

70

Kuulen, näen, aistin
kesäniityn lempeyden
tuoksuttelen kukkaset
ihailen värien paljot
ritirinnan huojuvat korret
hämähäkkien verkot
taimien latvoissa

Suven sylissä soudan
sen kyljissä roikun
uhmaten ukkosta ja salamaa
veden tuloa valtaisaa
välillä iho punaisena paahdun
kesän kuumuudesta
ja kuuntelen ääniä
tykkään jopa hyttysten ininästä

Kerrattu kokemusten määrä
kerrottu, eletty koko elämä
kun taakseen katsoo pilviä
ne satavat, itkevät vailla silmiä
kunnes katoavat, häviävät
kertautuvat olleet päivät

Kirkkautesi
kruunaa varjojeni tummuuden
toistaa sinen hehkeyden
     syvyyttäni vasten
siellä kohtaan turvani
järeän peruskallioni
sijat askelille

73

Ylevästi loistat
sadepilviä vasten
hehkut väreissäsi
sateenkaarena maiseman yllä
holvisi alla kadut, tiet ja pellot
talot, kylät ja kaupungit
ihmetellen kauneuttasi

74

Täysosumaa hän sormin näytti
kertoi ymmärtävänsä runoni viestin
sateenkaaren maiseman yllä
kauneuden, jonka ymmärtää sydämellä

Tunnekuohu tyyntä sekoittaa
pintavärein mieltä liikuttaa
elo kohtalolleen yhtä todistaa
olemassaoloa hetken juhlistaa

Mieli kutsuu tanssiin melankoliaa
tangoa syvältä tuntevaa
valuu aika ja askeleet
pian pois, rajan taa

76

Hämärässä sataa
hiljaa, ääneti tihuttaa
lähes usvaa, pehmeää
kesän lämmintä

Pisarakruunu hiuksilla
kuljet pitkin kujia
kuun pilviin kadottua
valoa etsit ikkunoista

Kuohut
vaahtopäin riehuvat
  mieleni synkissä vesissä
  uivat onnen lohet
      laskevat kutunsa
      hiekkaan
korvakäytävissä
hyvänlaatuinen tasapainohäiriö
horjuttaa askeleitani
koettelee tasapainoani
          jotta ymmärtäisin
eloni terveiden päivien arvon
jotka hiipuvat vähitellen
ja on aika
uuden kasvun

78

Säteilit
Häikäisit
Liversivät räystäällä pääskyset
ja kedolla
hehkuivat kukat keltaiset
synnyit
keltaisten kukkien aikaan

79

Niin hiljaa hän kuiskaa
etten sanojaan kuule
mutta näen
hymyilevät huulet
ja ilosta vilkkuvat silmät.

En tiedä
tarvitsenko onneen muuta.

He liitävät

askelin kevein

yli parketin

tuskin koskien

tanssin lumoa kokien

Kaksin liikkein tulkitsevat

herkät ja kiihkeät melodiat

ja yhdessä liikkuvat

kuin yhtä

keskenään ovat

81

Oikovat koipiaan
matkallaan voipuneet
luurangon laihat nälkäiset

Ahnaasti anoen katsovat
silmät suurina
ahmivia, hyvin voivia

Riutunut olemus huutaa
epätoivon hiljaista virttä
äänettömyyteen kuihtuvaa

Anovat luisevat kädet
tahtoonsa osoittavat sormet
viimeiseen otteeseen raukeavat

Kauneuden verhoissa

leikkivät onnen perhoset

sirkeinä

jokaista lentoaan odottavat

lempein siivin

sydämiimme liihottavat

83

Oisko elämää
ilman rakkautta
ja intohimoa, himoa
lihallisuuteen.

Oisko elämää
ilman viettejä
jotka magneetin lailla
vetävät nautintoon.

Oisko elämää

ilman pimeää

joka kätkee häveliäät

toistensa kainaloon.

Oisko elämää

ilman romantiikkaa

kultareunaisia haaveita

ja itsepetosta.

Oisko elämää

ilman sattumaa

joka ohjaa luo

ja tarjoaa tilaisuutensa.

84

Niin käyvät

ajatukseni sinuun

kun kesäpäivät

hiipuvat syyssumuun

Kun lehdet keikkuvat

värien kellervää ruskaa

ja maahan leijuvat

hetki muistoja kultaa

Ystävyys

kuin kaunein ruska

täynnä iloisia värejä

valoa, lämpöä

sydämen hehkua

tunnekuohuja

ilon yltiöpäistä riemua

seesteiseen hetkeen asti

86

Nyt hiljaisuus kuiskii
että kerran täällä elin
kummuilla ja metsissä
katselin, kuuntelin, käyskelin
Luojan luomaa ihastelin

Nyt hiljaisuus kertoo
kuinka elämää rakastin
kuinka sielultani sulin
kuljin nöyrin askelin
kokemaani kunnioitin

Nyt hiljaisuus toistaa
ikävää ja loputonta kaipausta
lähellä on enää muistot
joita yhdessä rakensimme
joita rakastin, yhä rakastan

Kesynä käy kohtalo kohti

käärii ympärille pehmeän myötätunnon

ilman valheen epäilystä nauraa

kun syksy sataa lunta

ja maalaa värinsä riisuttuun vihreään

88

Veistävät vuodet muotonsa
ihosi pintaan ja soluihin
kantavat kuluneen ajan taakat
uurtavat sieluunkin syvälle

Katsot kuvaasi ajan patinoimaa
kulkusi jälkiä ja muistelet
sileän mennyttä hehkua
ryppyisten silmien ympärillä

Paljon nähnyt katseesi, on
kuin sammuva tähti taivaalla
ilon pilkahduksessa viestii
alkuajan kirkkautta

Villi ja toiveikas riemu

on kokemuksen myötä

tuonut esiin seesteisyyden

odottamisen ja ymmärryksen maltin

Tahtosi riittää vielä

kertomaan ystäville

elämän tärkeät asiat

sulkemaan syliinsä rakkaimmat

89

Rientävät päivät
rientävät vuodet
pois kantavat
lapsuuden huolet

Kiiruhtaa aika
elosi taika
ei katoa, ei kuole
versoo uusia muistoja

Koskettaa ihosi
lämpöä jakaen
kutsuu lähelle
sanomaan – rakastan

Harakankellot tieni varrella
soittavat kesän loppua
saapuu syksy riemulla
värien paljolla kirjolla

Mättäillä punaiset puolukat
poimijaa yhä odottavat
luonnon paljouden äärellä
on ihmislapsi ymmällä

Ilahtuu moni kulkija
sienisadon paljoutta

91

Jokin siellä onnen taivaalla

loistaa kirkkaana

jokin hellästi pehmentää sisintä

kuplii ilon kuplia

ystävyys

ei katoa

Hymyilin sinulle elämä
en silkasta onnesta
sillä kohtasin myös surua
mutta onnenkantamoiset
seurasivat mua matkalla
ja niiden voimasta
oli arki turvallista kohdata

Kohtasin myös kateutta
se on turhaa ajan haaskausta

Miksi kadehtia toisten onnea
kun sen voi jakaa empatialla

93

Sydämeni sinfonia soi

aaltoillen, keinuen

joskus myrskyten vyöryvät

bassojen tummat soinnut

ja rumpujen rytmikäs kakofonia

joka tyyntyy käyrätorven ja

viulujen seesteiseen vuohon

harpun heleisiin näppäilyihin ja

klarinetin iloiseen lurituksee

Sinut minä tunnen
tunnen munaskuitani myöten
vaikka vain vilahdit ohi
jätit jäljen sydämeen

Kun sielun veljet ja siskot kohtaa
ei selityksiä tarvita
on yhteisyys heti varmaa
olo kanssaan helppoa

Nyt runoksi sinä mielessäni taivut
herkistät tunteet sadulle
joka ei koskaan todeksi tullut
on kuitenkin totta minulle

Katseesi kirkkaan kohtasin
taas tänäänkin kuljit ohitse
hymyilit avoimen auliisti
suorastaan villisti

Varjosi perään katson kulman taa
sinne, missä aurinko helottaa
sua katseeni ja ajatukseni seuraa
jään odottamaan huomista

Sula hulluus
on usein pidättyvyyttä parempi
rento uskallus
kokemuksen kannalta oivempi

Jälkeni jää
        ohitse kuljettuani
    jälkeeni jää eletty
edessä elettävä
jäljessäni jälkiäni seuraavat
            katsovat, kuiskivat, toteavat
on matkaa vielä jäljellä
ja tilaa uusille jäljille

97

Kylvää elo tuskan viljaa
vaipui rakkain pois hiljaa
sydän uupunut on matkan tehnyt
Kauneimmat muistonsa jakaa
yhteiset päivät eletyt
aarteiksi sydämissä muuttuvat

98

Ojensit kätesi
kurkotit vuoteesta lähelleni
vaihdoimme lämpimät halit
toisillemme rakkaat

Katseesi oli auki kuin kirja
siitä luin elettyä viisautta

99

Suomut silmiltäni riisun
katson kirkkautta aamun
heleää laulua kuuntelen
käen kukunnan – luulen

100

Oi aikaani
joka hukkaan valahtaa
karkaa minuutein ja tunnein
päiviksi ja kuukausiksi
ja kun vuottani katson
en jälkiään enää tunne
johonkin se katosi

101

Säilyvät muistot mielessä
kuin kotoinen mansikkahillo purkissa
herkullisena ja marjaisana

Sinut minä muistan, ja hänet
joka hetkeksi unohdukseen karkasi
voi meitä, mihin kaikkeen rakastuimme

Olivat askeleemme kevyet, kevyet jalat
ikuisessa liikkeessä ja tanssin pyörteissä
kuljettivat perässään katseita

Taisi kateuttakin olla havaittavissa
kun kirmasimme jenkkaamme parketilla
ja kaiken tuon jälkeen, joimme limua puffetissa

Sinut minä muistan, ja hänet
joka aina nauroi ihanasti
kun kompastuimme polkan tahdista

Niin hauras
on ikääntynyt ihosi
niin kertomuksia täysi

Niin harras
on vanhuuden olemus
niin rikas sanojen tulva

Niin armollista
on ikävuosien tuoma
koettu kiitollisuus

Niin ylevää
on elää yhteisiä hetkiä
todeta rakkauden voima

Niin herkkää
on sidos elämään
niin lujaa usko tulevaan

103

Toit sen Pariisista, maalauksen
kaupunkimaisemasta

Olit ajatellut minua
istuessasi Seinen rannan kahvilassa

Tiedän, etten ollut ainoa
rakastit elämää ja meitä useita
minuakin, minäkin sinua

Nyt kun olet mennyt
jo vuosikymmenet sitten
tuliaistaulusi muistuttaa Sinusta

En minä Sinua unohda
       en minä
   eivät hekään
kuinka voisimmekaa

Veivät minut pois
turvaan halusivat
suojaan taudeilta ja
kuolemalta
vaan kuinka kävikään
palauttivat kotipesään
takaisin elämään
sinne, mistä lähdin

seuraava siirto mielessään
mylläävät paikkoja
tutkivat selviänkö
yksinään

tuokin vuode liian suuri
vievät mennessään
ja tuovat tilalle uuden
kun kulkuväyliä miettivät
ehkä kaapinkin pois siirtävät
sen, jossa ovat kaikki tärkeät
valokuvat, muistoesineet ja
nahkakantinen Raamattu,
jonka välissä testamentin kopio

Kun kotoa vievät pois,
kuuluu sama höpinä
että pitävät vanhaa ihan pöpinä
tuskin selviää yksin eläjänä

Peilini edessä kasvaa ajanverkko
runsauden sarvi kukkineen.

Viehkoja ovat uudet varret, kukat
jotka orastavat tulevaan.

Aina on toivoa elää hieman paremmin
kun kanssasi sen koen, elän tomerammin.

Ajanverkoissa kelluu mahdollisuus
peiliinsä heijastuu entisyys.

106

Onko tämä se huomen
onko toisinto eilisen
voinko uskoa jaksavani
luottaa tulevaan huomiseen
kun en jaksaisi tätä päivää
vaikka tiedän, että pakko on

Mihin katosi ilo elon
mihin sammui toivo, uskallus
onnekkuuttani mietin silloin
runsaita riemun hetkiä
matkoja maailman äärillä
kaikkea mitä kokenut olen

Taas se tuli

aamuauringon kultainen viiru

piirsi raidan seinälleni

Hetken kujeili

piiloutui verhojen poimuihin

kunnes näkyvistä katosi

108

Ryhmä ryhtyi runosille
moni sukua kertojille
romaaniksikin tarinaa voi taivuttaa
unohtamatta lorua, pakinaa

Sielunsa sopukoita kukin avaa
anonyyminä, vähän niin kuin salaa
julki ajatuksiaan paketoi
toivoo, että moni kommentoi

Yksi kulkee pellon laitaa
toinen metsäpolut taitaa
katuja eräät askeloi
aavaa merta jotkut jumaloi

Jokaiselle rakkaus
elämän tärkein oivallus
hyvän tahdon ja ilon synnyttää
sen jäljet tänne jokaiselta jää

Avoin ovi olen,
kun uutta katson, narahdan
entisyyteni saranoilla,
uutta arvioin, pelkään,
ihannoin,
kuin ensirakkautta.

Jaloillani seison,
katson tulevaan,
    sinut kohtasin,
sanasi mukanani,
lähden kulkemaan,
    kertomaan,
kuinka aina oppii uudestaan,
alusta alkamaan

110

Tavoitanko vielä ajatuksiasi
niitä, jotka lausuit ääneen
istuessasi kanssani iltaa
kaupunkikodissasi

Nuoren ihmisen aitoudella
kerroit mielipiteitäsi ja loistit
lähes häikäisit älykkyydelläsi,
joka oli harvinaista ikäisellesi

Mistä tuli levollinen uskallus
mistä sanat ja nauru
mistä katseen iloinen välke
mistä viaton varmuus

Ehkä perimästä
kyvystä empaattiseen ajatteluun
ja tunnemaailman hyväksymiseen
jo varhain. Ehkä

Ystävyys kumpuaa syvältä
hipaisee ajatuksia kuin ohimennen
ja saa katseen kirkastumaan
ja mielen, hyvälle tuulelle

Ystävyys synnyttää kaipuun
päästä näkemään, päästä lähelle
kuulemaan ääntä ja sanoja
tuntea, kokea hetket, elävänsä

Ystävyys ei ole pakko
se vain yksikertaisesti on
ja haluaa pitää paikkansa
ystävyyden ehdoilla

Ystävyys on suunta
jota kuljemme